Novena

VIRGEN DE FÁTIMA

Por Laila Pita

www.solonovenas.com
#2500-657

CORAZÓN
RENOVADO

UN POCO DE HISTORIA

La Virgen de Fátima es una advocación de la Virgen María, también se le conoce como Nuestra Señora del Rosario de Fátima. Se dice que la Virgen hizo varias apariciones ante tres niños pastores de Fátima. Comenzando el 13 de mayo y después cada día trece durante trece meses consecutivos, excepto en agosto que se presentó hasta el 19. Los pastores llevaron por nombre; Lucía Dos Santos de diez años y sus primos; Jacinta y Francisco Marto de seis y nueve años respectivamente. Relatan que vieron una luz aproximarse, en donde apareció una Señora vestida de blanco que les pidió regresaran cada día 13. Fueron seguidos por varias personas que presenciaron las apariciones. La Virgen hizo hincapié en el rezo del Rosario, para la conversión de los pecadores y del

2

mundo entero. Además de la construcción de una capilla. Se dice que les entregó tres mensajes. El primero mostraba una visión del infierno, el segundo hablaba de cómo convertir el mundo a la cristiandad, el tercero se reveló hasta el 26 de junio de 2000 por el Papa Juan Pablo II en Fátima, este profetizaba la desintegración de la URSS que se cumplió en 1990. El santuario recibe actualmente cuatro millones de peregrinos.

MILAGRO

La Virgen de Fátima pidió a la humanidad el arrepentimiento de los pecados, cambio de vida y mucha oración. Para reforzar la Fe que estaba en decadencia. Sin esto el mundo no tendría paz y vendrían grandes tragedias. Para lograr que lo entendieran lo demostró. Ante miles de personas el sol comenzó a danzar como si fuese a caer sobre la tierra. Esto fue algo inexplicable. Esto sucedió en 1917. Demostró que la humanidad pecadora no atiende a los pedidos de Nuestra Señora.

ORACIÓN DIARIA

Gloria a ti Virgen de Fátima en los cielos, bajo tus pies sagrados, se tiendan los terciopelos. Reina del mar bien amada, benditas sean tus apariciones en los cerros Virgen coronada. Ayúdame a encontrar el camino correcto para alcanzar mis sueños. Contágiame de seguridad y confianza para emprender los vuelos. Santa Señora de aura dorada, cerca de ti el éxito es cosa ganada. Haz que se rompan los hielos, que sólo guardan recelos. Grácil Señora atiende mi llamada. Mi alma de ti estará siempre enamorada.

HAGA SU PETICIÓN

Aquí estoy hincado a tus pies. Con la luz de tus quinqués que no tienen comparación alumbra a este humilde feligrés que viene a hacerte esta petición.

Te ruego con todo mi corazón me concedas... (Se hace la petición)

Esto es un asunto de interés te suplico tu atención me des. Concédeme lo que te pido en esta ocasión y con tu divina protección me ayudes, para que seas tú siempre mi salvación.

Padre Nuestro, que estás en el cielo, santificado sea tu nombre; venga a nosotros tu reino; hágase tu voluntad, en la tierra como en el cielo. Danos hoy nuestro pan de cada día; perdona nuestras ofensas, como también nosotros perdonamos a los que nos ofenden; no nos dejes caer en la ten-

tación, y líbranos del mal. Amén.

Dios te salve, María, llena eres de gracia, el Señor es contigo. Bendita tú eres entre todas las mujeres, y bendito es el fruto de tu vientre: Jesús. Santa María, Madre de Dios, ruega por nosotros, pecadores, ahora y en la hora de nuestra muerte. Amén.

Gloria al Padre, al Hijo y al Espíritu Santo. Como era en el principio, ahora y siempre, por los siglos de los siglos. Amén.

DÍA PRIMERO

Virgen María Madre de Dios, tu bondad yo espero. Ante tus ojos nunca seré extranjero. Te ofrezco esta novena con mi alma sencilla, sobre el piso para honrarte doblo la rodilla. En todo lo que haga tú siempre estarás primero. Virgen de Fátima ayuda a este guerrero, que luchando va para ganarse el pan y la tortilla. Yo te pido Señora siembres en mí tu semilla de seguridad y fortaleza, para encontrar el camino imperecedero. Dame la firmeza para tomar la mejor decisión en lo que emprenda.

Padre Nuestro, que estás en el cielo, santificado sea tu nombre; venga a nosotros tu reino; hágase tu voluntad, en la tierra como en el cielo. Danos hoy nuestro pan de cada día; perdona nuestras ofensas, como también nosotros perdonamos a los que nos ofenden;

8

no nos dejes caer en la tentación, y líbranos del mal. Amén.

Dios te salve, María, llena eres de gracia, el Señor es contigo. Bendita tú eres entre todas las mujeres, y bendito es el fruto de tu vientre: Jesús. Santa María, Madre de Dios, ruega por nosotros, pecadores, ahora y en la hora de nuestra muerte. Amén.

Gloria al Padre, al Hijo y al Espíritu Santo. Como era en el principio, ahora y siempre, por los siglos de los siglos. Amén.

DÍA SEGUNDO

Reverenciada Madre de Nuestro Señor Jesucristo, lo cuidaste con pasión. Enséñame a darle a mi hijo una buena educación. Muéstrame el camino correcto para conducirlo al lugar exacto. Como lo hiciste tú, sin castigo y con afecto. Ilumíname con tu sabiduría para darle una buena información. Que siempre esté lleno de ilusión y cuando tenga un proyecto, el resultado tenga un exitoso efecto. Virgen encantadora colma de alegría su habitación, que siempre sea posible la conversación. Bella Mujer eres respetada por tu gran intelecto. Blanco Alcatraz predilecto.

Padre Nuestro, que estás en el cielo, santificado sea tu nombre; venga a nosotros tu reino; hágase tu voluntad, en la tierra como en el cielo. Danos hoy nuestro pan de cada día; perdona nuestras ofensas, como también nosotros perdonamos a los que nos ofenden; no nos dejes caer en la tentación, y líbranos del mal. Amén.

Dios te salve, María, llena eres de gracia, el Señor es contigo. Bendita tú eres entre todas las mujeres, y bendito es el fruto de tu vientre: Jesús. Santa María, Madre de Dios, ruega por nosotros, pecadores, ahora y en la hora de nuestra muerte. Amén.

Gloria al Padre, al Hijo y al Espíritu Santo. Como era en el principio, ahora y siempre, por los siglos de los siglos. Amén.

DÍA TERCERO

Divina esposa de José, Santa y abnegada, ejemplo de respeto y amor, bella y delicada. Te entrego esta novena para rezarte con fervor y humildad. Ayúdame a encontrar el camino para tener una relación de verdad. Virgen poderosa sólo con tu mirada, la felicidad puede ser encontrada. Dame la oportunidad de ser mejor con mi pareja, comprensivo y paciente, de crecer tenga voluntad. Cualquier dificultad siempre sea superada y mi corazón nunca tenga la puerta cerrada. Virgen de Fátima actúa con velocidad, blanca prístina Majestad.

Padre Nuestro, que estás en el cielo, santificado sea tu nombre; venga a nosotros tu reino; hágase tu voluntad, en la tierra como en el cielo. Danos hoy nuestro pan de cada día; perdona nuestras ofensas, como

12

también nosotros perdonamos a los que nos ofenden; no nos dejes caer en la tentación, y líbranos del mal. Amén.

Dios te salve, María, llena eres de gracia, el Señor es contigo. Bendita tú eres entre todas las mujeres, y bendito es el fruto de tu vientre: Jesús. Santa María, Madre de Dios, ruega por nosotros, pecadores, ahora y en la hora de nuestra muerte. Amén.

Gloria al Padre, al Hijo y al Espíritu Santo. Como era en el principio, ahora y siempre, por los siglos de los siglos. Amén.

DÍA CUARTO

Te vengo a ofrecer esta novena límpido Lucero, porque quiero ser de tu amor heredero. Dame tu bendición para que siempre tenga empleo. Y si de negocios se trata haz que actúe sin titubeo. Hazme ver el camino a tomar para que nunca falte el dinero. Ayúdame a encontrar la forma de hacer mi trabajo ligero. Virgen de Fátima puedes lograrlo con tan sólo un parpadeo. Señora mía en lo que haga dame firmeza y evite el tambaleo. Señora Santa de vestidura blanca como la nieve de enero.

Padre Nuestro, que estás en el cielo, santificado sea tu nombre; venga a nosotros tu reino; hágase tu voluntad, en la tierra como en el cielo. Danos hoy nuestro pan de cada día; perdona nuestras ofensas, como también nosotros perdonamos a los que nos ofenden;

no nos dejes caer en la tentación, y líbranos del mal. Amén.

Dios te salve, María, llena eres de gracia, el Señor es contigo. Bendita tú eres entre todas las mujeres, y bendito es el fruto de tu vientre: Jesús. Santa María, Madre de Dios, ruega por nosotros, pecadores, ahora y en la hora de nuestra muerte. Amén.

Gloria al Padre, al Hijo y al Espíritu Santo. Como era en el principio, ahora y siempre, por los siglos de los siglos. Amén.

DÍA QUINTO

Santificada Virgen de Fátima ven y hazme compañía, para que llenes mi vida de alegría. Tú eres el camino y la verdad para encontrar la felicidad. Madre adorada lléname de tu divina energía, para que todo en mí transmita armonía. Que mi modo de vivir invite a la amistad y de convivir con todos tenga la capacidad. Enséñame a ser tolerante y actuar con simpatía. Tus palabras para mis oídos son tiernos sonidos de integridad. Divina Estrella de hermosa tonalidad.

Padre Nuestro, que estás en el cielo, santificado sea tu nombre; venga a nosotros tu reino; hágase tu voluntad, en la tierra como en el cielo. Danos hoy nuestro pan de cada día; perdona nuestras ofensas, como también nosotros perdonamos a los que nos ofenden; no nos dejes caer en la ten-

16

tación, y líbranos del mal. Amén.

Dios te salve, María, llena eres de gracia, el Señor es contigo. Bendita tú eres entre todas las mujeres, y bendito es el fruto de tu vientre: Jesús. Santa María, Madre de Dios, ruega por nosotros, pecadores, ahora y en la hora de nuestra muerte. Amén.

Gloria al Padre, al Hijo y al Espíritu Santo. Como era en el principio, ahora y siempre, por los siglos de los siglos. Amén.

DÍA SEXTO

Preciosos Lucero tornasol de brillantez inmortal, de intenciones transparentes como cristal. De día y noche te llevo como broche prendido a mi pecho. Con esta novena que vengo a entregarte, te ruego me des cobijo bajo tu techo. Te imploro Señora me concedas un favor especial, necesito que con tu grandioso poder me mantengas con buena salud física y espiritual. Dame la pauta para hacer cosas de provecho. Mantenerme con energía y amor para estar satisfecho. Divina Luciérnaga virginal.

Padre Nuestro, que estás en el cielo, santificado sea tu nombre; venga a nosotros tu reino; hágase tu voluntad, en la tierra como en el cielo. Danos hoy nuestro pan de cada día; perdona nuestras ofensas, como también nosotros perdonamos a los que nos ofenden;

18

no nos dejes caer en la tentación, y líbranos del mal. Amén.

Dios te salve, María, llena eres de gracia, el Señor es contigo. Bendita tú eres entre todas las mujeres, y bendito es el fruto de tu vientre: Jesús. Santa María, Madre de Dios, ruega por nosotros, pecadores, ahora y en la hora de nuestra muerte. Amén.

Gloria al Padre, al Hijo y al Espíritu Santo. Como era en el principio, ahora y siempre, por los siglos de los siglos. Amén.

DÍA SÉPTIMO

Perfecta Dama en el cielo entronada, ante ti me quito el sombrero, porque tú eres el amor verdadero. Santa María purísima mi deseo es prosperar, te suplico que para esto me ayudes el camino encontrar. Bien Aventurada Virgen de Fátima enséñame el sendero, para hallar yo el dinero, que a una mejor forma de vida me pueda llevar y del hambre y la miseria me pueda librar. Agraciada Señora tu bondad yo espero. Feliz esposa del Santo Carpintero, bendito Rayo solar.

Padre Nuestro, que estás en el cielo, santificado sea tu nombre; venga a nosotros tu reino; hágase tu voluntad, en la tierra como en el cielo. Danos hoy nuestro pan de cada día; perdona nuestras ofensas, como también nosotros perdonamos a los que nos ofenden; no nos dejes caer en la ten-

tación, y líbranos del mal. Amén.

Dios te salve, María, llena eres de gracia, el Señor es contigo. Bendita tú eres entre todas las mujeres, y bendito es el fruto de tu vientre: Jesús. Santa María, Madre de Dios, ruega por nosotros, pecadores, ahora y en la hora de nuestra muerte. Amén.

Gloria al Padre, al Hijo y al Espíritu Santo. Como era en el principio, ahora y siempre, por los siglos de los siglos. Amén.

DÍA OCTAVO

Blanca Señora de gran linaje, esta novena con amor te traje, te rezo con devoción para que me des Madre tu divina protección. Cuando salga de viaje tenga seguro el pasaje. Enséñame el camino para que no pierda la dirección y llegar a mi destino con satisfacción. Señora mía que nunca falte en mi equipaje, esta novena y tu maravilloso mensaje. A donde vaya sea bienvenido a la región. Feliz regrese a verte lleno de ilusión. Virgen de Fátima bendita sea tu aparición.

Padre Nuestro, que estás en el cielo, santificado sea tu nombre; venga a nosotros tu reino; hágase tu voluntad, en la tierra como en el cielo. Danos hoy nuestro pan de cada día; perdona nuestras ofensas, como también nosotros perdonamos a los que nos ofenden;

22

no nos dejes caer en la tentación, y líbranos del mal. Amén.

Dios te salve, María, llena eres de gracia, el Señor es contigo. Bendita tú eres entre todas las mujeres, y bendito es el fruto de tu vientre: Jesús. Santa María, Madre de Dios, ruega por nosotros, pecadores, ahora y en la hora de nuestra muerte. Amén.

Gloria al Padre, al Hijo y al Espíritu Santo. Como era en el principio, ahora y siempre, por los siglos de los siglos. Amén.

DÍA NOVENO

Madre inmaculada he venido a verte con la mejor intensión, para adorarte en cualquier momento sin importar la estación. Señora de blanca vestimenta ayúdame a encontrar el camino para ser mejor cada día, porque tu inundas el mundo de poesía, es por eso Señora que te llevo en el corazón. Que en mi casa se encuentre la armonía en cada rincón. Transmíteme con tu divino rayo la energía y mi vida esté llena de fantasía. Enséñame a dar a todos atención y para ayudar cuando se necesite tenga disposición.

Padre Nuestro, que estás en el cielo, santificado sea tu nombre; venga a nosotros tu reino; hágase tu voluntad, en la tierra como en el cielo. Danos hoy nuestro pan de cada día; perdona nuestras ofensas, como también nosotros perdonamos a los que nos ofenden; no nos dejes caer en la tentación, y líbranos del mal. Amén.

Dios te salve, María, llena eres de gracia, el Señor es contigo. Bendita tú eres entre todas las mujeres, y bendito es el fruto de tu vientre: Jesús. Santa María, Madre de Dios, ruega por nosotros, pecadores, ahora y en la hora de nuestra muerte. Amén.

Gloria al Padre, al Hijo y al Espíritu Santo. Como era en el principio, ahora y siempre, por los siglos de los siglos. Amén.

ORACIÓN FINAL

Inmaculada Virgen de Fátima, Dios te tenga en su Gloria y que en el mundo alcances la victoria. Enséñame el camino para sembrar la semilla, para que nazca una vida mejor, buena y sencilla. Protégeme en todo lo que emprenda y haz interesante la trayectoria. Al final de la jornada tenga recompensa meritoria. Madre mía permíteme besarte la mejilla de aromática manzanilla. Madre bendita antes de una decisión dame tu palabra aprobatoria. Mujer tierna y dulce como la zanahoria, tu belleza a todos maravilla.

Padre Nuestro, que estás en el cielo, santificado sea tu nombre; venga a nosotros tu reino; hágase tu voluntad, en la tierra como en el cielo. Danos hoy nuestro pan de cada día; perdona nuestras ofensas, como también nosotros perdona-

26

mos a los que nos ofenden; no nos dejes caer en la tentación, y líbranos del mal. Amén.

Dios te salve, María, llena eres de gracia, el Señor es contigo. Bendita tú eres entre todas las mujeres, y bendito es el fruto de tu vientre: Jesús. Santa María, Madre de Dios, ruega por nosotros, pecadores, ahora y en la hora de nuestra muerte. Amén.

Gloria al Padre, al Hijo y al Espíritu Santo. Como era en el principio, ahora y siempre, por los siglos de los siglos. Amén.

Papá Dios: que tu sabiduría nos guíe; que tu luz ilumine nuestro camino; que tu amor nos de paz; que tu poder nos proteja, y que por donde quiera que caminemos, tu presencia nos acompañe. Gracias Papá Dios que ya nos oíste. Amén.

www.ingramcontent.com/pod-product-compliance
Lightning Source LLC
Chambersburg PA
CBHW070636150426
42811CB00050B/326